Wahre Genies

sind notwendig immer ein wenig

närrisch – sie wären sonst

zu sehr gegen die Alltagsmenschen

im Vorteil.

Hermann von Pückler-Muskau

Hermann Fürst von Pückler-Muskau (1785–1871)
Gemälde von Gerhard von Kügelgen, um 1815

Erik Gloßmann

HERMANN
von
PÜCKLER-MUSKAU

Kavalier, Abenteurer,

Parkgestalter

BuchVerlag
für die Frau

Die Zitate wurden kursiv und mit den orthografischen
bzw. grammatikalischen Besonderheiten
ihrer Entstehungszeit wiedergegeben und lediglich
offensichtliche Fehler behutsam korrigiert.
Hervorhebungen innerhalb der Zitate stammen
von den jeweiligen Autoren.

ISBN 978-3-89798-311-3

3. Auflage 2014
© BuchVerlag für die Frau GmbH, Leipzig 2010

Abbildungen/Fotos:
Renate und Roger Rössing, Jan Gloßmann,
Michael Puschendorf

Einband: Michael Puschendorf
(unter Verwendung einer Lithografie von Friedrich Jentzen)
Satz und Gestaltung: Michael Puschendorf

Druck und buchbinderische Verarbeitung:
Print Consult GmbH, München

Printed in Czech Republic

www.buchverlag-fuer-die-frau.de

Inhalt

Der Kavalier

Als Jacob Grimm im Februar 1860 endlich den zweiten Band des „Deutschen Wörterbuchs" (Biermörder bis D) herausgeben konnte, schrieb man Kavalier noch mit C: Cavalier. Aber die Bedeutung war schon dieselbe wie heute: Reiter, Ritter, edler Herr, Mann von Welt mit zuvorkommendem Auftreten gegenüber den Damen. Wen mochte der Redakteur des Wörterbuchs vor Augen gehabt haben, als er den Eintrag zu „Cavalier" erarbeitete, an wen dachten die damaligen Benutzer, wenn sie in der letzten Zeile des Artikels das Goethe-Zitat lasen: *Ein Cavalier von Kopf und Herz / ist überall willkommen?* Vielleicht an jenen deutschen Fürsten, der Hermann von Pückler-Muskau hieß und in den Salons der europäischen Metropolen eine wahrhaft gute Figur gemacht hatte, an den von Goethe geschätzten Autor der „Briefe eines Verstorbenen", der sich auch Semilasso nannte und bis nach Afrika und in den Orient gereist war? Der mehr Frauen verführt hatte als der berüchtigte Giacomo Casanova? Der, inzwischen fünfundsiebzig Jahre alt, noch immer eine imposante Erscheinung war, täglich ausritt und Damen galante Briefe schrieb?

Pückler-Muskau

Hermann Fürst von Pückler-Muskau als Dandy,
Zeichnung von Franz Krüger

Durchaus möglich. Pückler war, aus heutiger Sicht, ein Star, genial, exzentrisch, widersprüchlich. Er verstand es wie kein anderer, die Medien seiner Epoche zur Selbstinszenierung zu nutzen und jene dialektische Spannung zwischen Vertrautheit und Distanz zu schaffen, die ihm das anhaltende Interesse seines „Publikums" sicherte.

In die Wiege gelegt war es ihm nicht: der „tolle Pückler", der Dandy, Abenteurer, Bestsellerautor und angesehene Parkschöpfer, hat sich als ein Gesamtkunstwerk selbst erschaffen.

Der Kavalier

Die Kindheit

Hermann Ludwig Heinrich von Pückler wurde am 30. Oktober 1735 im elterlichen Schloss zu Muskau geboren. Doch auf das sprichwörtliche Glück musste das Sonntagskind lange warten. Die von den Großvätern des kleinen Hermann ausgehandelte Ehe des Grafen Ludwig Erdmann von Pückler mit Clementine von Callenberg stand unter keinem guten Stern. Gegensätze ziehen sich an, sagt man, doch in diesem Falle wollte es nicht funktionieren.

Hier war die kapriziöse, erst vierzehnjährige Tochter einer französischen Mutter, die eine der großen deutschen Standesherrschaften mit in die Ehe brachte, dort kam aus dem vierzig Kilometer entfernten Branitz ein dreißigjähriger Bräutigam, der zwar ein Gut verwalten, aber keine musisch gebildete junge Dame unterhalten konnte.

Der Groll des mürrischen, pedantischen Ludwig Erdmann richtet sich gegen den Erstgeborenen, den drei Töchtern widmet er wenigstens gelegentlich einige Aufmerksamkeit. Hermann von Pückler beschrieb seine Kindheit in einem Brief an die Gräfin Ida Hahn-Hahn 1845 wie folgt:

Jetzt denken Sie sich dieses wilde, aber anmutige kleine Wesen, als den einzigen Erben einer gro-

Neues Schloss, Bad Muskau, um 1830
Nach einer Originalaufnahme von A. Nothnagel

ßen, damals fast souveränen Herrschaft, von der so viel Tausende abhingen, von aller Welt möglichst geschmeichelt, verführt und verdorben. Dazu einen Vater, der sich so gut als gar nicht um das Kind bekümmerte, ja dem es wegen seiner ganz und auffallend heterogenen Natur immer mehr zuwider wurde, ferner eine ganz junge, fast noch kindische Mutter, die den Vergnügungen der Welt sehr ergeben, mit ihrem

Der Kavalier

Manne stets in Unfrieden lebend, sich im ganzen ebenso wenig ihres Kindes ernstlich annahm, als dieser, außer wenn sie, pa bouffées, einmal wie mit der Puppe mit ihm spielte, ein anderes Mal nach Maßstab der eben gemachten Lektüre auf den Einfall kam, es heute à la Rousseau, morgen à la Basedow, übermorgen nach einem anderen Schema zu erziehen, wobei die unglaublichsten Experimente vorfielen, bis man der ganzen Geschichte dann wieder überdrüssig wurde, und nun das Kind auf längere oder kürzere Zeit irgendeinem Offizianten oder einem homme de confiance aus der Dienerschaft zu spezieller und unumschränkter Führung übergab.

Von den schönsten und reinsten menschlichen Eindrücken, denen einer edlen und liebevollen Häuslichkeit, erhielt also dies arme Kind nie den entferntesten Begriff.

Während er den Eltern mit Scheu und Furcht begegnet, findet der kleine Hermann wenigstens bei seinem Großvater Callenberg und einer alten Bäuerin, der Amme seiner Mutter, ehrliche Zuneigung.

**Clementine Gräfin von Pückler (1770–1850),
Mutter des Hermann von Pückler-Muskau,
Reproduktion nach einem verschollenen Gemälde**

Der Kavalier

Lehr- und Wanderjahre

Noch vor dem achten Geburtstag des Knaben beschließen Graf und Gräfin von Pückler-Muskau, ihn in die Erziehungsanstalt der Brüdergemeine nach Uhyst zu geben. Vier lange Jahre wehrt sich der immer selbstbewusster werdende junge Adlige in der „herrnhutischen Heuchelanstalt" gegen Frömmelei und Dogmatismus.

Lebenslang wird er den protestantischen Religionsgemeinschaften skeptisch gegenüberstehen und nach eigenen Positionen zum Glauben suchen, die zwischen Atheismus, Pantheismus und einer gewissen Sympathie für den Katholizismus schwanken. Doch hält die Anstalt auch Freuden für den früh Pubertierenden bereit: Er verliebt sich in eine zwölfjährige Kusine, die spätere Gräfin Kielmannsegge. 1863 erinnert sich der nun Achtundsiebzigjährige in einem Brief an Ada von Treskow an diese Zeit:

Ich war sehr früh gereift, und schon was man verführt nennt. Mein frommes Mädchen gleichfalls durch Gespielinnen, und auf solche Weise, wie zwei Mädchen, genossen wir, gewissermaßen in aller Unschuld, wenigstens ohne alle Gewissensskrupel und mit Enthusiasmus Liebe und Wollust unersättlich, wie unbefangene Naturkinder, fast ein ganzes Jahr lang (...) Die Liebe endet, als Hermann in das Pädagogium nach Halle versetzt wird. Er sei schwer erziehbar, ein arroganter Störenfried. Als er ein Spottgedicht auf die zu außerehelichen Liebeleien neigende Gattin des Direktors Niemeyer verfasst, wird er an die Stadtschule in Dessau weitergereicht. Auch dort bringt er die Lehrer zur Verzweiflung, so dass sich Vater Erdmann genötigt sieht, seinen Sprössling heimzuholen.

In Hermanns Abwesenheit haben sich seine Eltern weiter auseinandergelebt. Erdmann rächt sich für die Affären seiner jungen Frau, indem er die Nächte mit Mägden und Bürgersfrauen verbringt.

1799 ist die Ehe am Ende. Clementine verlässt Mann und Kinder; gegen eine üppige Leibrente verzichtet sie – zugunsten ihrer Kinder – auf die Standesherrschaft und heiratet alsbald den Reiteroberst Kurt von Seydewitz. Als der fünfzehnjährige Hermann seine knapp dreißigjährige Mutter zum ersten Mal in ihrem neuen Heim besucht, flirtet er so heftig mit ihr, dass Seydewitz auf baldige Abreise drängt.

In Muskau macht die Ausbildung des jungen Grafen, so eklektisch sie auch erfolgt, endlich Fortschritte; er lernt Tanzen, Klavierspielen, perspektivisches Zeichnen, Französisch und Reiten, den Umgang mit Pferden überhaupt.

Mit sechzehn Jahren schickt ihn der Vater zum Studium der Jurisprudenz an die Universität Leipzig. Dort gerät der junge Herr alsbald in schlechte Gesellschaft; stets muss der sparsame Vater für die Schulden aufkommen. Nach einem Jahr verlässt Hermann Leipzig und tritt als Leutnant in das Regiment der Gardes du Corps in Dresden ein. Der große, schlanke junge Graf wird schnell zum Liebling der Gesellschaft; seine Eskapaden, so der berühmte Sprung zu Pferde über die Brüstung der Elbbrücke in den Fluss, bringen ihm den Spitznamen „der tolle Pückler" ein.

Kaum eine junge Dame ist vor dem Charmeur sicher, der Duelle nicht fürchtet, gilt er doch zu Recht als Meister des Degens und der Pistole. Doch die Schulden in Leipzig sind noch nicht abgezahlt, und die in Dresden wachsen ihm über den Kopf. Deshalb, vielleicht aber auch, um in den sich anbahnenden kriegerischen Auseinandersetzungen nicht auf der falschen Seite zu stehen, nimmt er 1804 als Rittmeister seinen Abschied und verlässt die sächsische Hauptstadt in Richtung Wien, wo er die nächsten Jahre im Müßiggang verbringt.

Venus-Standbild im Park Branitz

Der Kavalier

Immer wieder schreibt er Bettelbriefe nach Muskau, doch das väterliche Gut ist ab 1806 durch 60 000 Taler Kriegskontribution so stark belastet, dass kein Geld mehr zur Verfügung steht. Hermann ist schon bereit, eine Hofmeisterstelle bei seinem Halbbruder Max von Seydewitz, dem Sohn Clementines aus zweiter Ehe, anzunehmen, da gerät er zu Beginn des Jahres 1807 wegen einer Liebesaffäre in einen folgenschweren Ehrenhandel. Als er den Sekundanten des Prinzen Löwenstein, der ihn beleidigt, mit der Peitsche traktiert, muss er Hals über Kopf abreisen – er hat den Grafen Colloredo-Mannsfeld, den Sohn des Reichskanzlers, verprügelt! Über Augsburg und München begibt er sich nach Ulm, wo er als „Sekretär Hermann" krank und einsam in einer Dachkammer haust. Nachdem er fast alle Habseligkeiten verkauft oder verpfändet hat, trifft endlich Geld ein, um die Schulden zu bezahlen.

Nichts reizt den jungen Grafen, zu dem mürrischen Vater nach Muskau zurückzukehren. So tritt er im Frühsommer 1808 eine „Kavaliersreise" an, die ihn, mit wechselnden Gefährten, kreuz und quer durch die Schweiz, Frankreich und Italien führt. In Rom trifft er alte Bekannte, nimmt am Gesellschaftsleben wie am Glücksspiel teil und

verliebt sich für drei Monate in die Gräfin Julie von
Gallenberg, die schon Beethoven bezaubert hatte.
Im Sommer 1810 endlich folgt er dem Ruf seines
Vaters und tritt die Heimreise an.

Der Kavalier

Heimkehr nach Muskau

Die Situation in Muskau ist unverändert kritisch; zu den finanziellen Problemen kommen die Heiratspläne zweier Schwestern. Der gealterte und kranke Erdmann scheint seinen Sohn, den er zwischenzeitlich sogar entmündigen wollte, nun als Nachfolger zu akzeptieren. Der junge Graf setzt einen Vertrauten, den Dichter Leopold Schefer, als Verwalter ein, verschwindet aber schnell nach Berlin, wo er eine Wohnung mietet und erneut den „tollen Pückler" gibt, Frauen verführt und Spielschulden anhäuft.

Mit dem Tod des Vaters am 10. Januar 1811 endet das Lotterleben für einige Zeit; der neue Reichsgraf Hermann von Pückler-Muskau, Baron von Groditz und Erbherr zu Branitz ist nun verantwortlich für einen Besitz, der zwei Schlösser, eine Stadt (Muskau) und über fünfzig Dörfer umfasst. Der früher so pedantische Vater hat eine wirtschaftliche Unordnung hinterlassen. Dazu kommen neue Probleme: 1812 wird die Lausitz zum Durchzugsgebiet für die Truppen Napoleons, der gegen Russland marschiert. Das bedeutet Einquartierungen, Plünderungen, Typhus. Pücklers Sympathien gehören Frankreich, andererseits ist

Schlosshof Bad Muskau, 2010

er deutscher Patriot. Er laviert zunächst, schlägt sich dann aber mutig auf die Seite Preußens und Russlands. Später wird er Generaladjutant des Großherzogs Karl August von Weimar und Verbindungsoffizier zum Zaren Alexander.

So zieht er mit den Siegern in Paris ein und begleitet anschließend den Zaren und den Preußenkönig Friedrich Wilhelm III. zur Parade nach London. Dort nimmt er, zum Oberstleutnant befördert, seinen Abschied, bleibt aber in England und ge-

Der Kavalier

nießt das Leben als Gentleman. Fuchsjagden, Pferdewetten, Kartenspiele und immer wieder hübsche Ladys vertreiben ihm die Zeit. Jetzt ist es Freund Schefer, der mahnende Briefe schreibt: Muskau steht am Rande des Ruins. Der Kriegsheld Pückler hat ganz und gar vergessen, dass er zwar auf der Siegerseite gekämpft hat, als sächsischer Gutsbesitzer aber zu den Verlierern zählt. Nach dem Wiener Kongress gehört die Lausitz zu Preußen, die Oberlausitz (mit Muskau) zur Provinz Schlesien, die Niederlausitz (mit Branitz) zur Provinz Brandenburg. Jetzt gelten die preußischen Reformen. Pückler versucht, das Problem auf seine Art zu lösen und knüpft zarte Bande zu der reichen Lady Landsdown, doch eine Hochzeit kommt nicht zustande. So muss er sich im April allein auf den Heimweg machen.

In England haben neue Leidenschaften den nun preußischen Junker ergriffen: für Landschaftsgärten, für modische Kleidung, für Pferdezucht und -sport. Zwischen Muskau und Berlin pendelnd, widmet er sich hier der Verschönerung von Schloss und Park und dort den Annehmlichkeiten des Gesellschaftslebens.

In der preußischen Metropole ist der schlanke, stets elegant gekleidete Graf bald eine stadt-

**Pückler fährt Unter den Linden in einer von Hirschen
gezogenen Kutsche spazieren**

bekannte Figur: man wartet regelrecht auf neue
Amouren, Streiche und Eskapaden. Einmal endet
eine Ballonfahrt mit dem Luftfahrtpionier Reich-
hard erst nach Abwurf allen Ballasts, auch des ge-
bratenen Fasans und zweier Flaschen Champagner,
unfreiwillig im Wipfel einer Fichte. Ein andermal
lässt Pückler sein Reitpferd par force quer durch
die Stadt galoppieren, um eine Wette zu gewin-
nen. Natürlich will er vor allem den Damen impo-
nieren. So fährt er Unter den Linden in einer von
Hirschen gezogenen Kutsche spazieren.

Der Kavalier

Der Ehemann

Im Sommer 1816 heißt es, er habe diesmal ernsthafte Heiratspläne, nur stehe noch nicht ganz fest, wen er meine. Denn Pückler, der geborene Kavalier, mache gleich drei Damen den Hof! Da ist zuerst Lucie Reichsgräfin von Pappenheim, die seit vielen Jahren von ihrem Mann getrennt lebt. Sie ist die Tochter des nach dem König mächtigsten Mannes im Lande, des Staatskanzlers Fürst von Hardenberg. Neuneinhalb Jahre älter als Pückler, gilt die einst reizvolle, nun vollschlanke reiche Adlige als „Frau mit Vergangenheit".

Da ist zweitens die hübsche neunzehnjährige Adelheid, Lucies Tochter, eine gute Partie.

Und da ist drittens die aparte Helmine, erst siebzehn Jahre alt; sie lebt als eine Art Pflegetochter bei Lucie – böse Zungen behaupten, sie entstamme einem Fehltritt mit dem ehemaligen französischen Revolutionsgeneral Jean Baptiste Bernadotte, nun Kronprinz Karl Johan von Schweden. Für wen wird sich der einunddreißigjährige Graf entscheiden?

Er wird seinem Ruf gerecht – er wählt den Skandal und verlobt sich mit der vierzigjährigen Lucie! Unbedacht ist sein Entschluss keinesfalls:

**Lucie Fürstin von Pückler-Muskau (1776–1854),
Jugendbildnis,
Reproduktion nach einem verschollenen Gemälde**

Er spekuliert auf das Vermögen der Pappenheimerin und kann davon ausgehen, dass er den Zugang zu den jungen Frauen nicht verliert.

Seine Rechnung geht auf; die nicht mehr ganz frische Braut ist stolz, den attraktivsten Junggesellen Preußens erobert zu haben. Sie wird dulden, dass Pückler sich ihre Tochter und die Pflegetochter ins Bett holt, sie wird ihm, vor und nach der Hochzeit, die nach der offiziellen Scheidung von Pappenheim am 9. Oktober 1817 gefeiert wird, manchen Seitensprung verzeihen. Denn das Unerwartete tritt ein: Hermann und Lucie harmonieren; der Graf hat eine Frau gefunden, die ihm zur späten Ersatzmutter, zur Freundin wird.

Außerdem teilt sie bald seine Leidenschaft für die Gartenkunst und übernimmt die Oberaufsicht über Schloss und Park, wenn der Herr Gemahl auf Reisen ist. Pückler beschrieb das Verhältnis später so:

Als wir uns neiratheten, war sie zwar, aufrichtig gestanden, etwas verliebt in mich, ich aber nicht im geringsten in sie, und sagte es ihr auch unumwunden, dass ich unsere Verbindung nur als eine Konvenienzheirath ansähe, und mir jede Freiheit vorbehielte. Im Verlauf der Jahre haben wir aber ... uns gegenseitig so sehr achten und lieben gelernt, dass

Kavaliershaus in Branitz

Der Kavalier

unser Bund für Freundschaft und Vertrauen unauf-
löslich geworden ist.

Sie nennt ihn „Lou", er nennt sie „Schnucke" (Lucie-Luciege-Ziege-Schnucke) und schreibt seinem Schnucklilein alles – auch, dass seine neue Geliebte Mundgeruch habe, weshalb er sie nicht auf die Lippen küsse. Solange ihr Gatte halbwegs diskret vorgeht, akzeptiert die Gräfin von Pückler-Muskau (fast) alles.

Vollkommen einig sind sich Lou und Lucie in einem Punkt: Geld ist dazu da, es schnell auszugeben, Luxus ist Pflicht. Die Verschönerung der Standesherrschaft Muskau verschlingt Unsummen. Pückler, dem in der Liebe so viel Glück beschieden ist, hat das sprichwörtliche Pech im Spiel. Auch gelingt es ihm nicht, einen gutbezahlten Posten als Gesandter zu ergattern; Schwiegervater Hardenberg traut dem Lebemann aus der Lausitz keine diplomatischen Fähigkeiten und vor allem keine Disziplin zu. Außerdem verkehrt der Graf in Salons, in denen Kritik an den bestehenden Verhältnissen geübt wird. Immerhin unterstützt der Staatskanzler die Erhebung Pücklers zum Fürsten.

Im Frühjahr 1822 ist es soweit, doch das Diplom kostet weitere 4000 Taler. Muskau ist mit fast einer halben Million Talern verschuldet; eine unvorstellbare Summe, zumal sich beim Tod Hardenbergs im selben Jahr herausstellt, dass Lucie nichts erbt. Pückler denkt bereits darüber nach, Branitz zu verkaufen, da kommt den beiden eine Idee. Plötzlich existiert ein Brief Lucies, der geeignet ist, eine Scheidung zu ermöglichen, bei der keiner sein Gesicht verliert (nicht zuletzt der König, der im Falle eines Fürstenpaares zustimmen muss). Die Fürstin begründet den Entschluss, sich vom geliebten Gatten zu trennen, mit ihrer Kränklichkeit und Kinderlosigkeit:

Es ist Zeit, den Entschluß in's Leben treten zu lassen, den ich, mein alles theurer Freund, wie Du weißt, schon längst gefasst habe. Er heißt Trennung – und Trennung von Dir aus zärtlichster Liebe. So sehr Du auch alles entfernt hast, um mich jemals den Abstand unserer Jahre fühlen zu machen, so ist dennoch der Unterschied derselben zu groß, und nimmt durch meine Kränklichkeit noch täglich zu. Mit einem Wort, die Form unserer Verbindung lastet auf Dir …

Friedrich Wilhelm III. gibt seine Einwilligung, 1826 wird die Ehe formell geschieden. Doch zuvor startet bereits Phase zwei des Plans, denn die ganze Inszenierung zielt ja nur darauf ab, eine reiche Partie zu finden, um Muskau zu retten.

Der Mitgiftjäger

Wieder ist Pückler auf Brautschau. Doch es zeigt sich schnell, dass es in Deutschland keine geeignete Kandidatin gibt; allzu bekannt ist seine Situation. Natürlich bricht er weiterhin Frauenherzen und verliebt sich selbst auch einmal wieder, doch die Angebetete, die bekannte Opernsängerin Henriette Sontag, bleibt tugendhaft (Pückler wird später in Branitz eine vergoldete Büste der Sontag aufstellen lassen, die noch heute zu bewundern ist).

Sie widersteht seinem Charme auch in London, wo sich die beiden 1828 erneut begegnen. Denn Fürst Pückler, in England „Prince Pickle" genannt, hat seine Aktivitäten auf die britischen Inseln verlagert.

Leider ist ihm sein Ruf als Mitgiftjäger vorausgeeilt. Betrübt schreibt er an seine geschiedene Frau, der Himmel möge nur endlich ein Wild geben, was der Mühe wert wäre. Doch die reichen Töchter Albions verweigern sich – was nicht bedeutet, dass Pückler nicht gelegentlich ein Häschen fürs Bett findet. Obwohl schon über vierzig, ist er noch eine blendende Erscheinung, mit seinen schwarz gefärbten Haaren und seiner sportlichen Figur wird er stets zehn Jahre jünger ge-

Büste Henriette Sontag

Der Kavalier

schätzt. 1829 kehrt er, nachdem er England und Irland bereist, Parks und Gärten besichtigt und Menschen aller Gesellschaftsschichten kennen gelernt hat, nach Deutschland zurück – ohne Braut, mit leerer Kasse.

Dennoch war die Reise nicht ergebnislos. Lucie hat die Briefe ihres Lou, in denen er ihr seine Erlebnisse detailliert schildert, gesammelt und anonym als „Briefe eines Verstorbenen" herausgegeben. Schnell ist klar, dass sich hinter dem „Verstorbenen" der Fürst Pückler verbirgt. Der enorme Erfolg der vier Bände schafft finanziellen Spielraum, ohne das Schuldenproblem zu lösen.

1832 kommt es zu einer Affäre mit der geistvollen, aber auch aufdringlichen und intriganten Bettina von Arnim, die, einige Monate älter als Pückler, ihre besten Jahre hinter sich hat. Hermann hat Mühe, sie auf Distanz zu halten. Als sie einmal sogar als verschleierte Unbekannte durch seinen Park wandelt, um seine Aufmerksamkeit zu erregen, kommt es fast zum Eklat. So wird die „geliebte Freundin" bald zur „närrischen Betti".

In den folgenden Jahren unternimmt Pückler mehrere lange Reisen durch arabische Länder, Griechenland und Kleinasien, die er wiederum schriftstellerisch verarbeitet. Aus Äthiopien

Machbuba (um 1825–1840)
Pflegetochter, Dienerin, Geliebte des Fürsten Pückler
Gemälde, Künstler unbekannt

Der Kavalier

bringt er Machbuba mit, eine bildhübsche vierzehnjährige Sklavin, die er freigekauft hat. Sie hat ihn in Ägypten vom Fieber kuriert und ihm damit das Leben gerettet.

Machbuba wird seine letzte große Liebe, doch diesmal protestiert seine geschiedene Frau und noch immer beste Freundin energisch. Pückler zögert die Heimkehr hinaus, zumal Machbuba das rauere europäische Klima nicht verträgt und erkrankt. Der Fürst lässt sie in Muskau zurück und fährt nach Berlin, wo ihn seine Schnucke erwartet. Dort erreicht ihn die Nachricht, dass Machbuba am 27. Oktober 1840 an Auszehrung gestorben ist, auf dem Sterbebett nach ihm rufend.

Die folgenden Jahre verbringt Pückler mit der Arbeit am Park, neuen Buchprojekten und kürzeren Reisen. Natürlich ist er in den Salons ein gern gesehener Gast, ein wirklicher Mann von Welt, der angenehm von fernen Ländern zu plaudern vermag. Trotz des Erfolges als Schriftsteller wird immer deutlicher, dass Muskau nicht mehr zu halten ist. Gegen den Protest Lucies, die wie er selbst Zeit, Energie und viel, viel Geld in den Park investiert hat, verkauft er die Standesherrschaft, wo ihn der Grabstein Machbubas immer wieder an sein Versagen erinnert.

Branitz bei Cottbus ist der neue, schulden-
freie Wohnsitz von Hermann und Lucie von Pückler, in einer reizlosen Gegend nahe der Spree gele-
gen. Eine Herausforderung für die beiden, die sie
annehmen. Aus dem Nichts wird in den nächsten Jahrzehnten einer der schönsten europäischen
Landschaftsparks entstehen; seine Vollendung erleben beide nicht mehr. Lucie stirbt 1854, nachdem sie in den letzten Jahren an den Rollstuhl
gefesselt war.

Pücklers Leben verläuft nun in ruhigeren
Bahnen. Wie ein orientalischer Herrscher geklei-
det, empfängt er Gäste auf seinem Schloss, gern
reizvolle Frauen, reitet aus und erledigt seine umfangreiche Korrespondenz. Zu seinen Briefpartne-
rinnen in dieser Zeit gehören Fanny Lewald, Eu-
genie John (Marlitt) und die fünfundfünfzig Jahre
jüngere Ada von Treskow.

Das Geheimnis des Erfolgs

Worauf gründete sich der Erfolg des Hermann von Pückler bei Frauen? Gewiss, er war ein schöner, stattlicher Mann und noch im Alter, mit weißem Haar und Vollbart, überaus vital. Und er behandelte die Frauen nach Art eines Kavaliers, er flirtete mit ihnen, er eroberte sie mit seinem Charme. Das unterschied ihn von anderen Adligen, die ihre Macht ausnutzten oder Frauen kauften.

Im Gegensatz zu einem anderen unersättlichen Liebhaber, dem sächsischen Kurfürsten Friedrich August I., genannt der Starke, der viele hundert Kinder gezeugt haben soll, hinterließ Pückler weder legitime noch illegitime Nachkommen. Was er von seinen Gespielinnen forderte, war Diskretion. Verletzten sie, wie Bettina von Arnim, dieses Gebot, rächte er sich. Andererseits war er sehr eitel und durchaus daran interessiert zu erfahren, was man in seiner Abwesenheit über ihn redete.

Auch einen gewissen Zynismus konnte er entwickeln. So schrieb er seiner Freundin, der Gräfin Ida Hahn-Hahn, er habe einen Brief erhalten *von einer ehemaligen Hofdame, eine Gans, aber mit einem sehr hübschen Körper, (und man muß in der Welt mitnehmen, was man Gutes findet).*

Pückler hat einmal erklärt, er verdanke seinen *leichten Succeß hauptsächlich dem Umstand, dass ich mir so wenig daraus mache, ob es diese oder jene ist.*

Doch es wäre falsch, in Pückler einen notorischen Schürzenjäger und Erotomanen zu sehen. Die Fleischeslust war das eine, der Schöngeist suchte aber stets auch den warmherzigen intellektuellen Austausch und konnte sich Frauen eher öffnen als Männern. Wiederholt hat Pückler geäußert, sein Charakter sei zur Hälfte weiblich, *sehr elastisch und zugleich phantasiereich.*

Pücklers erste Biographin, Ludmilla Assing, eine Vertraute seiner letzten Lebensjahre, charakterisierte den vornehmsten Kavalier der Epoche so: *In seinem weiten Herzen fand eine wahrhaft demokratische Gleichberechtigung Raum: diademgeschmückte Fürstinnen, Princessinnen, Gräfinnen, Hoffräulein, Künstlerinnen, bürgerliche Kleinstädterinnen und elegante Weltdamen, Zofen und Mädchen aus dem Volk, schöne und hässliche, alte und junge lockte er gleichmäßig in seine Netze, und zwar zu allen Zeiten seines Daseins.* ✤

Der Abenteurer

Hermann von Pückler-Muskau führte ein in mehrfacher Hinsicht abenteuerliches Leben. Im Folgenden sind einmal nicht die galanten aventures des Kavaliers gemeint, sondern jene kühnen Grenzüberschreitungen und Vorstöße, die er sowohl als Reisender als auch im Denken und in seinen Schriften unternahm. In dem von Karl Herloßsohn von 1834 bis 1838 herausgegebenen „Damen-Conversations-Lexikon" wird definiert:

Wir nennen einen Menschen abenteuerlich, der, gern vom ebenen Pfad der Konvention abirrend, das Ungewöhnliche, das Phantastische aufsucht, und gegen alle Herkömmlichkeit ankämpft.

Und im ersten Band des schon zitierten Grimm'schen Wörterbuchs (1854) heißt es, man verknüpfe mit dem Begriff Abenteuer *stets die vorstellung eines ungewöhnlichen, seltsamen, unsichern ereignisses oder wagnisses, nicht nur eines schweren, ungeheuern, unglücklichen, sondern auch artigen und erwünschten*. Wieder scheinen die Worte auf Pückler gemünzt, der sich nicht nur in den Schlachten des Befreiungskrieges Gefahren ausgesetzt und sich später unter großen Strapazen

**Fürst Hermann von Pückler-Muskau
zur Zeit seines Aufenthaltes in London, 1827**

bewusst kühn ins Unbekannte vorgewagt hatte,
sondern seine Reiseberichte auch nutzte, um im
Vergleich der Kulturen Kritik an den Verhältnissen auch im eigenen Land zu üben.

Der Abenteurer

Erste Reisen und Schreibversuche

Seine erste Reise unternimmt er in den Jahren 1808 bis 1810. Sie führt ihn zunächst in die Schweiz und über Norditalien nach Südfrankreich.

Die Aufzeichnungen, im Stil der Zeit als Briefe an einen Unbekannten verfasst, können als erste literarische Arbeit Pücklers gelten (veröffentlicht wurden sie allerdings erst im Nachlass). Sie zeugen von der Unbekümmertheit, mit der ein mittelloser dreiundzwanzigjähriger Grafensohn durch die Welt zieht, zu Fuß oder mit billigen Fahrgelegenheiten. Er lernt den Gotthard, die Rigi und das Berner Oberland kennen, verweilt in Zürich, Luzern, Mailand, Bern und Genf. Vor nicht allzu langer Zeit hat er noch Unsummen verspielt und seine Gesundheit in Duellen sinnlos aufs Spiel gesetzt. Nun lernt er andere Gesellschaftsschichten kennen – und ein wenig wohl auch sich selbst: *Ich muß oft über mich selbst lachen, wenn ich einem armen Teufel, der mich um Geld anspricht, außer diesem noch einige salbungsreiche Ermahnungen zur Arbeit mit auf den Weg gebe; es geschieht auch immer nur sotto voce, denn ich befürchte stets, dass mir einmal einer antwortet: Aber was arbeiten Sie denn, mein Herr, dass Sie so gut leben, während ich an einer Brotrinde kauen muß?*

Nach einem Aufenthalt in Lyon besucht er Marseille und Rom, die Beschreibung dieser Reise veröffentlicht er 1835 als „Jugendwanderungen". In Rom wird er vom Papst empfangen. Als der Vesuv ausbricht, eilt er nach Neapel, besteigt den Berg und beobachtet vom Kraterrand aus die nächtlichen Eruptionen. Während eines Dinners beim russischen Gesandten wird er Augenzeuge, wie englische Schiffe die einlaufende neapolitanische Flotte beschießen.

Wenige Jahre später wird er selbst in die kriegerischen Auseinandersetzungen hineingezogen. Bei aller Sympathie für Napoleon und die französische Mentalität – als sein Rasen zum Exerzierplatz und er von einem General im eigenen Schloss zum Mittagessen eingeladen wird, platzt ihm der Kragen. Er bietet dem Zaren konspirativ an, ein Lausitzer Freikorps aufzustellen und wird daraufhin mit Hausarrest belegt. Als er versucht, im nahegelegenen Bautzen zu Napoleon vorzudringen, wird er verhaftet und entgeht knapp der Erschießung. Nach der Völkerschlacht bei Leipzig tritt er offiziell als Major in die russische Armee ein, beweist große Tapferkeit und wird mit

Fürst Pückler im preußischen Waffenrock
Lithografie von Friedrich Jentzen nach
einem Gemälde von Franz Krüger, 1824

dem Wladimir-Orden geehrt. Eine Typhuserkran-
kung zwingt ihn zu einer Unterbrechung; danach
ist er als Stabsoffizier beim Herzog von Weimar
bei Antwerpen dabei und erobert als Komman-
deur mit den Engländern die Ortschaft Merxen.
Nicht immer steht das Kriegsglück auf seiner Seite; als er in Belgien mit 120 Reitern auf 700 Fran-
zosen trifft, kann er seine Truppe nur durch einen
nächtlichen Gewaltritt der Einkesselung entziehen.

In Europa unterwegs

Die nächste abenteuerliche Zeit in Pücklers Leben ist die Reise durch Holland, England, Wales, Irland und Teile Frankreichs in den Jahren 1826 bis 1829, die sich in den berühmten „Briefen eines Verstorbenen" (Band 1 und 2 erscheinen 1830, Band 3 und 4 erst 1832) niedergeschlagen hat. Natürlich bewegt sich „Prince Pickle" hier in weitgehend zivilisierten Ländern; er ist ja auf Brautschau und wird von den Lords und Counts und Dukes gern zum Tee oder zu einem Ausritt über die Ländereien eingeladen. Doch er sucht auch den Nervenkitzel; so lässt er sich am 20. August 1827 in London in einer Taucherglocke auf den Grund der Themse hinabsinken.

Vor allem in Irland kommt er in Gegenden, wo die allermeisten Menschen bettelarm und die Wege unsicher sind. Wieder einmal erwacht sein soziales Gewissen:

Das ist Irland! Vom Gouvernment vernachlässigt oder bedrückt, von der stupiden Intoleranz des englischen Priestertums erniedrigt, von seinen reichen Landbesitzern verlassen und von Armut und Whiskygift zum Aufenthalt nackter Elenden gestempelt!

Pückler-Muskau

Der Abenteurer

Dabei vergisst der Fürst zuweilen, dass er sich gerade selbst im Ausland herumtreibt, während sein schwer verschuldetes Gut in Muskau ihm die Reisekasse füllen muss. Konsequenz ist nicht immer seine starke Seite, aber er entschuldigt sich pauschal: *Ich bin zu sehr – wie nenn ich's doch? … ein Gefühlsmensch, und solche werden nie weise, d.h. lebensklug.*

Die Probleme Irlands vor Augen, wo eine protestantische Oberschicht über die katholische Mehrheit des Volkes herrscht, erweist er sich als konsequentes Kind der Aufklärung: *Solange (…) nicht (…) jedem erlaubt ist, Gott auf die ihm beliebige Art zu verehren, **ohne deshalb sich im bürgerlichen Leben zurückgesetzt zu sehen** – so lange hat auch das Zeitalter der Barbarei noch nicht aufgehört. Einst muß im Staat das **Gesetz allein** regieren, wie in der Natur. Religion wird Trost im Unglück und noch höhere Steigerung des Glücks nach wie vor gewähren, aber herrschen und regieren darf sie nicht.* Diese Toleranz in Glaubensfragen ist auch die Grundlage für seine Akzeptanz fremder Kulturen, die ihm auf seinen späteren Reisen manche Tür öffnet.

Die „Briefe eines Verstorbenen" sind nicht nur kommerziell ein Erfolg. Demokraten im Deutschland der Restauration wissen spätestens seit Hein-

rich Heines Reisebildern, wie man Gesellschafts-
kritik in scheinbar harmlos-exotischen Berichten
aus fernen Ländern an der Zensur vorbeischmug-
gelt und bezeugen dem so liberal gesinnten Fürsten ihren Respekt. Viele Schriftsteller, die zur Be-
wegung des „Jungen Deutschland" gehören, sehen
in ihm fortan einen Verbündeten. Aber auch der
greise Johann Wolfgang von Goethe lobt im „Jahr-
buch für wissenschaftliche Kritik" das Buch wie
den Verfasser: *Ein für Deutschlands Literatur be-
deutendes Werk. (…) Der Schreibende erscheint als
geprüfter Weltmann von Geist und lebhafter Auffas-
sung, als der durch ein bewegtes sociales Leben, auf
Reisen und in höhern Verhältnissen Gebildete, da-
neben auch als durchgearbeiteter freisinniger Deutscher, umsichtig in Literatur und Kunst.*

Pückler nutzt seine neu gewonnene Populari-
tät so, wie es clevere Bestsellerautoren heute noch
tun: Er schiebt gleich ein neues Produkt hinterher.
„Tutti Frutti. Aus den Papieren des Verstorbenen"
(1834) vereint Erinnerungen, Geschichten und
Feuilletons in einem bunten Cocktail. Hier mi-
schen sich kritische Töne und persönliche Angriffe
mit amüsanten Episoden. Auf eine Verwendung
im diplomatischen Dienst Preußens, die er noch
immer anstrebt, kann er nun nicht mehr hoffen.

Faszination Wüste

Die nächste Reise führt Pückler 1835 in den Mittelmeerraum, womit er sich einen langgehegten Wunsch erfüllt. In Algerien kämpft Emir Abd el-Kader gegen die französischen Kolonialtruppen. In Landestracht und bis an die Zähne bewaffnet tummelt sich Pückler in Begleitung des ehemaligen Räubers Ali Ben Khasnadschi zwischen den Fronten: *Die Wüste muß es mir angetan haben – denn fortwährend sehne ich mich nach ihr, nach ihrem hehren Sternenzelt und ihrer ungebundenen Freiheit.*

Er macht den lokalen Stammesfürsten seine Aufwartung, besucht Tunis und reist im Dezember über Malta nach Griechenland, wo er am Hof des aus Bayern stammenden Königs Otto mit allen Ehren empfangen wird. Das Jahr 1836 verbringt er mit abenteuerlichen Reisen quer durch das Land, das erst wenige Jahre zuvor die osmanische Fremdherrschaft abgeschüttelt hat und sich in einem desolaten Zustand befindet. Er besucht die antiken Stätten und wandelt auf den Spuren Lord Byrons, der ihn zu einem Bonmot inspiriert, das genauso gut auf ihn selbst passt:

Fürst Pückler als Reisender in Afrika
Anonyme Lithografie, um 1834

Der Abenteurer

Wahre Genies sind notwendig immer ein wenig närrisch – sie wären sonst zu sehr gegen die Alltagsmenschen im Vorteil.

Er spielt sogar mit dem Gedanken, sich ganz in Griechenland niederzulassen, da wird sein Gönner, der Staatskanzler Graf von Armansperg, der ihm große Ländereien zur Gestaltung eines Landschaftsparks überlassen wollte, gestürzt. Also setzt Pückler seine Fahrt fort; er will den umstrittenen Herrscher Ägyptens, Mehemed Ali, besuchen. In Alexandria wird der deutsche Fürst mit großem Pomp empfangen; der Despot behandelt ihn wie einen Freund und stellt ihm einen ganzen Palast zur Verfügung. Mehemed Ali herrscht nach der heimtückischen Ermordung der Mamelucken-Beys und seinem Sieg im Kampf gegen die Truppen des Sultans über ein Territorium, das bis nach Syrien reicht. Unter seiner starken Hand gedeihen Landwirtschaft und Manufakturen; die ökonomischen Verhältnisse sind bemerkenswert stabil. Pückler stellt vergleichend fest:

Ich glaube, dass mitten in Paris und London teilweise grässlicheres Elend nachzuweisen ist, als in ganz Ägypten gefunden werden kann (...)

Viele Landesteile sind von Europäern noch nie bereist worden. Pückler fährt nilaufwärts, über

Gizeh, Assuan und Abu Simbel bis nach Khartum; die Kosten trägt sein Gastgeber. Unterwegs vergnügt er sich damit, Nilpferde, Giraffen und Antilopen zu jagen und erlebt, wie sein Diener Jannis von einem Krokodil verschlungen wird. Die Pyramiden erscheinen ihm aus der Nähe längst nicht mehr so imposant, *oft das Los des Großen auf der Erde!*

Wieder begeistert ihn die Wüste: *Auch hatte der Anblick dieses sehr bewegten Terrains, obgleich ohne Vegetation, doch gar nichts so Abschreckendes, wie man es sich gewöhnlich unter der Wüste vorstellt, und ich kann den Berlinern zu ihrem Troste die Versicherung geben, dass viele Stellen ihrer Umgebung die echte Wüste noch übertreffen.*

Natürlich interessieren ihn nicht nur die landschaftlichen Besonderheiten, die ihn in die Welt der Märchen aus Tausendundeiner Nacht versetzen. Er sucht genauso den Kontakt zu den Bewohnern der Städte und Oasen und handelt auf den Basaren und Märkten, wobei er seine Erfahrungen macht:*Überhaupt hat man sich im Orient allerwärts vor europäischen und griechischen Christen in acht zu nehmen, weniger vor den Juden und am wenigsten vor den Muselmännern selbst, die unbestreitbar die ehrlichsten und solidesten unter der ganzen Bevölkerung sind.*

Pückler-Muskau

Fürst Pückler in Afrika, Biwak in Khraschnah,
Kolorierte Lithografie von 1836

Reiseimpressionen

Das nächste Reiseziel ist Palästina. Von Jerusalem und anderen biblischen Stätten zeigt sich der dem Glauben entfremdete Pückler sehr beeindruckt. In der Nähe von Beirut besucht er die englische Mystikerin Lady Hester Stanhope, die in einem Pavillon auf einem Felsen lebt. In Damaskus wird er von Ibrahim Bey, dem Sohn Mehemed Alis, unfreundlich empfangen; er hat verbotenes Gebiet durchquert. Nach Besichtigung der Ruinen von Baalbek gelangt Pückler nach Aleppo, wo ihm der Gouverneur frostig entgegentritt. Offensichtlich hat er die Gunst Mehemed Alis verwirkt. Über Smyrna und Konstantinopel kehrt der nun des Reisens Müde nach Europa zurück und nähert sich damit wieder den ungelösten Problemen: den Schulden, die trotz erfolgreicher Bücher nicht abgetragen sind, dem bevorstehenden Krach mit Lucie wegen Machbuba, die allein von seinem zusammengekauften Harem übriggeblieben ist. Vielleicht hofft er auf höheren Beistand; am 30. Oktober 1839 tritt er in Budapest zum katholischen Glauben über.

Schon während der fast fünfjährigen Reise hat Pückler Manuskripte nach Muskau geschickt, die von Lucie, Schefer und dem Freund Karl August

Varnhagen von Ense redigiert und an den Verleger Hallberger nach Stuttgart weitergeleitet wurden. So sind „Vorletzter Weltgang von Semilasso" und „Semilasso in Afrika" bereits 1835 respektive 1836 erschienen. Auch griechische Abenteuer unter dem Titel „Der Vorläufer" (1838) sind dem deutschen Publikum schon bekannt, zum Leidwesen Pücklers mit einigen Streichungen.

1840 gibt er das dreibändige Werk „Südöstlicher Bildersaal. Griechische Leiden" heraus, dem 1844 die Aufzeichnungen „Aus Mehemed Alis Reich" folgen.

Mit „Die Rückkehr", drei Bände, die 1846 bis 1848 erscheinen, sind alle Reiseabenteuer zu Papier gebracht, ist das schriftstellerische Werk des Hermann von Pückler-Muskau abgeschlossen.

Die letzten Bücher, in denen sich Pückler Semilasso („der Halbmüde") nennt, weisen nicht mehr die Unmittelbarkeit und Schärfe der ersten auf; ihr Verfasser hat auch mehrfach bekundet, dass ihm das Schreiben unter dem Zwang, veröffentlichen zu müssen, kein besonderes Vergnügen bereitet habe. Auch die Bestsellerauflagen der Bücher über den Orient und Griechenland können nicht verhindern, dass Muskau 1845 verkauft wird.

Der Abenteurer

Resümee eines Weltbürgers

Für den sechzigjährigen Pückler ist die Zeit der großen Reiseabenteuer vorbei. 1851 besucht er anlässlich der ersten Weltausstellung London und ist glücklich, als ihn Lady Seymour für einen Sohn jenes berühmten Pückler-Muskau hält, den sie vor fünfundzwanzig Jahren kennen zu lernen die Ehre gehabt habe. Es hat sich also gelohnt, Haltung zu bewahren und das Haar zu färben. Nach dem Tod Lucies tritt er noch eine zweijährige Reise durch Deutschland, Italien und Frankreich an, wo er in Paris endlich Heinrich Heine persönlich kennen lernt, der ihm die „Lutetia" in Verehrung gewidmet hatte. Die letzten Ausflüge des Nimmermüden führen ihn 1860 in die Schweiz, 1861 nach Österreich und 1862 noch einmal nach Paris.

Für das Zoon politikon Pückler jedoch hält das Leben noch Abenteuer bereit – er darf sogar eine deutsche Revolution miterleben! Fürst Hermann von Pückler-Muskau war, für einen Vertreter des deutschen Hochadels, ausgesprochen republikanisch gesinnt. Seine Reisebücher und Briefe verraten, dass er mit den Schriften Immanuel Kants, etwa „Zum ewigen Frieden" und „Kritik der praktischen Vernunft", und Johann Gottlieb

Fichtes „Die Bestimmung des Menschen" vertraut und bestrebt war, auf dem gewiesenen Wege seine eigene Lebensphilosophie zu entwickeln. Wie Kant sieht er im Begreifen und Üben des Moralischen eine Kundgebung der praktischen Vernunft, gleich Fichte erscheint ihm die Errichtung einer rechtlichen Verfassung im Innern nicht nur als Voraussetzung für den allgemeinen Frieden der Staaten, sondern auch für den einzelnen Menschen, seinen Willen auf das Gute zu richten. In *der Erkenntnis der äußern Natur und daraus abstrahierten Erfahrung* sieht er die *einzige wahre und echte Offenbarung Gottes* und die Mittel, sich selbst immer weiter fortzubilden.

Zur *fortschreitenden Zivilisation* gehören für ihn *das mosaische Gesetz, später die Reformation und ihr zweiter Akt, die Französische Revolution; endlich die hieraus allgemeiner erwachsende Denk- und Pressfreiheit und alles, was sich jetzt ruhiger, aber desto sicherer durch diese letztere bereitet. – Wir finden also überall nur die Resultate **derselben allmählichen Zivilisation**, von der niemand wissen kann, wo sie stehen bleiben wird – aber welchen Grad sie auch erreiche, immer kann und soll sie hier nur **menschlich** sein und durch **menschliche** Mittel befördert werden.*

In „Tutti Frutti" sympathisiert er mit den sozialutopischen Ideen Saint-Simons. Die polizeiliche Überwachung, die Kleinstaaterei und die reaktionäre Politik in Deutschland – all das stört den Weltbürger und Menschenfreund, der auf Reformen hofft. Doch mit den Jahren verliert er das Vertrauen in die Kräfte der Vernunft in Adel und Bürgertum. 1843 äußert er gegenüber dem Freund Varnhagen von Ense, die europäische Welt sei dem Untergang geweiht, *und die Proletarier aller Länder dürften bestimmt sein, die Grundlagen eines ganz neuen, kräftigeren und reicheren gesellschaftlichen Zustands zu werden.*

Ganz ähnlich wird es wenige Jahre später im „Manifest der Kommunistischen Partei" stehen. Entsprechend skeptisch reagiert Pückler auf die Revolution von 1848, die er in Berlin miterlebt. Praktische Politik ist ohnehin nicht seine Stärke, dafür ist die Standesschranke zu hoch. Also lehnt er eine Delegation zur Deutschen Nationalversammlung in der Frankfurter Paulskirche ab, reist aber trotzdem hin und lauscht der Debatte, die ihn ernüchtert.

1859 fasst er sein „Glaubensbekenntnis über den deutschen Charakter" zusammen:

**Um 1860 durch den Fürsten
eingerichtete Schlossbibliothek in Branitz**

*Die großen geistigen Eigenschaften und andere
Tugenden des deutschen Volkes – Nation kann man
leider nicht sagen, da wir aus lauter Natiönchen be-
stehen, die überdem meist in starker Opposition sich
untereinander anfeinden – bewundere und ehre ich
alle von Herzen; was aber den Hauptzug des deutschen Charakters betrifft, wie er (...) in neuerer Zeit
zutage tritt, so möchte ich diesen dahin definieren,*

Der Abenteurer

dass kein anderes europäisches Volk willenloser, un-entschlossener und serviler sich überall da zeigt, wo es auf die That ankommt, und doch, zugleich fort-während oppositions- ja revolutionslustiger im Rei-che des Gedankens ist (…)

Die Epoche unserer Freiheitskriege schien nur eine Ausnahme. Wie lange ertrugen wir (…) die grau-samste, höhnendste fremde Tyrannei (…) Nachher, mit ganz Europa im Bunde, thaten wir Großes, was wir jedes Mal thun werden, wenn wir erst dazu ge-zwungen sind; freiwillig kommen wir nicht dazu. Und was folgte auf diese großen Thaten? Der Wie-ner Kongreß, die Demokratenriecherei, der deutsche Bundestag, dreißig fast schmählichere Jahre als die vorhergehenden

Und über 1848 schreibt er: *Nie hat eine Revo-lution schneller, fast ohne allen Widerstand gesiegt, weil schon vor dem Donner bloßer Worte alle unsere Souveräne wie schlafende Vögel vom Stengel fielen; und nie hat eine Revolution (…) sich so unfähig zu deren Benutzung gezeigt als bei uns Deutschen, so vollständig erfolglos, ja so burlesk geendet (…)*

Eine Lösung der Probleme erwartet Pück-ler nun – sehr vorausschauend – von einer *außer-ordentlichen Persönlichkeit*. Er wird Bismarcks „Revolution von Oben" und die Gründung des

58

Thorvaldsen-Relief an der Schloss-Pergola in Branitz

Deutschen Reiches noch erleben. 1866, mit nun
81 Jahren, sucht er ein letztes Mal das Abenteuer. Als Preußen und Österreich um die Vorherr-
schaft in Deutschland kämpfen, meldet sich der
Fürst freiwillig. Doch die entscheidende Schlacht
bei Königgrätz verschläft er – niemand hat ihn
geweckt. ❧

Der Abenteurer

Der Parkgestalter

Die Liebe des Hermann von Pückler-Muskau zu allem, was grünt und blüht, erwachte etwa zur selben Zeit wie die Liebe zum Weibe. Bei den Herrnhutern in Uhyst durfte er den Hausgarten betreuen, was er mit Eifer tat. Schon als kleiner Junge hatte er die freie Natur als Zufluchtsort schätzen gelernt; nicht zuletzt, um den zankenden Eltern zu entkommen, war er durch die Wälder um Muskau gestreunt, einen aus Weidenruten selbst gebastelten Wagen mit Proviant hinter sich herziehend.

Die ersten schriftlichen Äußerungen zum Thema stammen von dem Dreiundzwanzigjährigen, der 1808 seine erste große Reise antritt. In Schaffhausen besichtigt er den neuen Englischen Garten und beurteilt ihn mit einiger Sachkenntnis. Auf dem Rückweg besucht er Goethe, der ihm seinen Park an der Ilm zeigt und die bedeutungsvollen Worte spricht: *Verfolgen Sie diese Richtung. Sie scheinen Talent dafür zu haben.*

1811, nach dem Tod des Vaters, beginnt Graf Pückler mit der Bepflanzung von Freiflächen auf seinem Besitz in Muskau und bittet den fünf Jahre älteren Architekten Karl Friedrich Schinkel aus

Orangerie im Park von Bad Muskau

Der Parkgestalter

Berlin zu sich. Gemeinsam schmieden sie Pläne, die jedoch nur zu einem geringen Teil verwirklicht werden. Die Kriegsjahre unterbrechen die Arbeiten, doch von seiner ersten Englandreise kommt Pückler mit neuem Schwung und neuen Ideen zurück.

Er hat die schönsten englischen Landschaftsparks eingehend studiert, sich gärtnerisches Wissen angeeignet und, oft durch Zahlung von Bestechungsgeldern, manchen Geheimtipp erhalten. Am 1. Mai 1815 richtet er ein Schreiben an die Bürgerschaft von Muskau, in dem er ankündigt, seinen festen Wohnsitz in Muskau nehmen zu wollen, *um selbst für die Wohlfahrt Meiner guten Bürger und Untertanen mit väterlicher Obhut wachen zu können, und Meine Einkünfte lieber ihnen als fremden Menschen zufließen zu lassen (…)*

Weiter erklärt er, er wolle eine Lieblingsneigung befriedigen und einen Park anlegen, und bittet die Bürger, ihm die gewünschten Grundstücke zu einem angemessenen Preis zu überlassen. Durch Tausch und Kauf verschafft er sich das seinen Plänen gemäße Areal. In den nächsten Jahren werden umfangreiche Arbeiten durchgeführt, in der bettelarmen Lausitz ist Pückler ein wichtiger und fairer Arbeitgeber.

Ab 1817 steht ihm Jakob Heinrich Rehder als leitender Gärtner zur Seite. 1819 kann, nach Fertigstellung der sogenannten Hermannsneiße, der Schlossteich geflutet werden. 1821 schreibt er an den berühmten englischen Spezialisten Humphrey Repton und bittet ihn um Hilfe; noch fehlt ein Generalplan für den Park. Repton schickt 1822 seinen Sohn für mehrere Wochen nach Muskau. In den folgenden Jahren wird, neben den gärtnerischen Projekten, auch an einem Moorbad, dem sogenannten Hermannsbad, und dem Jagdhaus gearbeitet.

Als sich Pückler auf seine mehrjährige Reise nach England und Irland begibt, weiß er seinen entstehenden Park in guten Händen, denn seine pro forma geschiedene Frau teilt seine Leidenschaft für die Landschaftsgärtnerei.

Pückler-Muskau

Der Parkgestalter

Andeutungen über Landschaftsgärtnerei

In den Jahren 1832 und 1833 verfasst „der grüne Fürst" dann sein berühmtes Werk „Andeutungen über Landschaftsgärtnerei". Schinkel und dessen Schüler Wilhelm Schirmer fertigen die Zeichnungen dazu. Pückler gibt sich hier ungewohnt bescheiden und entschuldigt sich fast, für die Beschreibung der praktischen Anwendung seiner Lehrsätze den eigenen Park herangezogen zu haben. Seine Maximen sind so überzeugend und prägnant formuliert, dass sie hier, aus dem Gesamttext gewonnen, zitiert werden können:

Eine große landschaftliche Gartenanlage in meinem Sinne muß auf einer Grundidee beruhen.

❧❧

Sie muß mit Konsequenz und, wenn sie ein gediegenes Kunstwerk werden soll, so viel als möglich nur von **einer** *leitenden Hand angefangen und beendigt werden.*

❧❧

(...) sind auch mit der Idee die Hauptzüge des Ganzen vorher bestimmt, so soll doch während der Ausführung der Künstler sich ungezwungen den Inspirationen seiner Phantasie fortwährend überlassen (...)

Pückler-Muskau

Andeutungen

über

Landschaftsgärtnerei,

verbunden

mit der Beschreibung

ihrer

praktischen Anwendung in Muskau.

———

Vom Fürsten

von

PÜCKLER-MUSKAU.

———

Mit 44 Ansichten und 4 Grundplänen.

STUTTGART, 1834.

Hallberger'sche Verlagshandlung.

Der Parkgestalter

Änderungen, die man einmal als zweckmäßig erkannt, aufzuschieben, ist auch gefährlich, denn das vorhandene Unrichtige gibt bei der Ausführung des Neuen leicht wieder unrichtige Ansichten.

❧❧❧

Es ist nicht unumgänglich nötig, dass ein Park einen sehr großen Umfang habe, um einen großen Effekt zu machen. (...) Nicht wie er **ist**, sondern wie er uns **erscheint**, beurteilen wir jeden Gegenstand, und gerade hier ist dem Gartenkünstler ein weites Feld geöffnet.

❧❧❧

(...) hinsichtlich der Form muß ein wohl gruppierter und gezeichneter Park auch ohne Färbung in jeder Jahreszeit den Schönheitssinn befriedigen können.

❧❧❧

Das effektvolle Verbergen und Ahndenlassen ist schwerer als das offene Zeigen.

❧❧❧

Gebäude (...) sollen mit ihrer Umgebung in sinniger Berührung stehen und immer einen bestimmten Zweck haben.

❧❧❧

Der Park soll nur den Charakter der freien Natur und Landschaft haben, die Hand des Menschen also darin wenig sichtbar sein, und sich nur durch wohlun-

Pückler-Muskau

terhaltene Wege und zweckmäßig verteilte Gebäude bemerklich machen.

❧

Wenn der **Park** eine zusammengezogene idealisierte Natur ist, so ist der **Garten** eine ausgedehntere Wohnung. Hier mag also der persönliche Geschmack aller Art sich wohl ein wenig gehen lassen (...)

❧

Ein alter Baum sei (...) ein hohes Heiligtum, dennoch weiche das Einzelne, wo es Not tut, auch hier immer dem Ganzen.

❧

Wege sind die stummen Führer des Spaziergehenden und müssen selbst dazu dienen, ihn ohne jeden Zwang jeden Genuß auffinden zu lassen, den die Gegend darbieten kann.

❧

(...) nichts gewährt so wie das Element des Wassers eine dem Beschauer nie ermüdende Abwechselung.

❧

Die natürlichen Unebenheiten des Terrains sind in der Regel malerischer als sie die Kunst mit vieler Mühe hervorbringt.

❧

Der Parkgestalter

Wir sind (...) nicht imstande in der landschaftlichen Gartenkunst ein bleibendes, fest abgeschlossenes Werk zu liefern, wie der Maler, Bildhauer und Architekt, weil es nicht ein totes, sondern ein lebendes ist (...) Es ist also eine leitende, geschickte Hand (bei) Werken dieser Art fortwährend nötig.

(...) es ist nicht wohl möglich, einen Park stückweise mit Erfolg anzulegen (...) Man muß im Gegenteil, sowohl im Kunstinteresse des Ganzen, als um Zeit und Geld zu ersparen überall soviel als tunlich gleichzeitig fortschreiten (...)

Der höchste Grad der landschaftlichen Gartenkunst ist nur da erreicht, wo sie wieder freie Natur, jedoch in ihrer edelsten Form, zu sein scheint.

Darüber hinaus enthält das Buch viele nützliche Tipps sowie Beschreibungen des Soll- und Istzustandes. Es wurde ein Erfolg und gilt zu Recht als ein Standardwerk. Dass sich Pückler und seine Mitarbeiter an die selbst aufgestellten Regeln hielten, zeigt der Muskauer Park noch heute eindrucksvoll.

Auch in Abwesenheit des Fürsten gehen die Arbeiten in den 1830er Jahren planmäßig weiter. Als

Schloss Branitz

Pückler die Standesherrschaft, in die er ein Vermögen investiert hat, 1845 (gegen den Willen der Fürstin) aufgibt, ist die Parkfläche auf 770 Hektar gewachsen. Er erhält von den Grafen Nostitz und Hatzfeld dafür 1 700 000 Taler. Bereits ein Jahr später werden Schloss und Park mit Gewinn an den Prinzen Friedrich der Niederlande weiterverkauft. Pückler soll sich, als er davonritt, nicht umgesehen haben.

Der Parkgestalter

Lebensherbst in Branitz

Mit einundsechzig Jahren wagt „der grüne Fürst" in Branitz einen Neuanfang. Was er vorfindet, ist vergleichsweise erbärmlich; das Land südöstlich von Cottbus ist flach, der märkische Sandboden für anspruchsvolle Pflanzungen kaum geeignet. Allerdings erleichtert der hohe Grundwasserspiegel in der Nähe der Spree die Gestaltung von Wasserflächen.

Anfangs bestellt Pückler Gehölze bei Rehder und beschäftigt auch Muskauer Parkarbeiter. Beim Umbau der Gebäude lässt er sich von dem Architekten Gottfried Semper beraten. 1852, nach gründlicher Renovierung des Schlosses, ziehen Hermann und Lucie von Pückler endgültig nach Branitz. 1854, im Todesjahr der Fürstin, wird der Park von 38 Hektar auf knapp 90 Hektar erweitert. In den Jahren 1855 und 1856 entsteht der erste, elf Meter hohe Tumulus, die sogenannte Seepyramide, Reminiszenz an die Ägyptenreise und zugleich Gelegenheit, Aushubmassen zu bewältigen. Für die Erdarbeiten beschäftigt Pückler Insassen des Cottbuser Kreisgefängnisses.

1862/63 wird die Landpyramide errichtet. Im Jahr darauf kann Pückler nur durch Intervention

Portal des Barockschlosses Branitz

Der Parkgestalter

beim preußischen König Wilhelm I. verhindern, dass die Eisenbahnstrecke Berlin-Görlitz quer durch seinen Park gebaut wird.

Auch 1866 ist ein turbulentes Jahr für Branitz; ein Unwetter entwurzelt hunderte Bäume und zerstört die Hälfte der Anlagen. Die Fertigstellung der großen Seepartie und des Hermannsberges erlebt Pückler nicht mehr; er stirbt in der Nacht vom 4. zum 5. Februar 1871 im Schloss seiner Väter. Seine letzten Worte waren: *Man öffne mir den Weg zum Tumulus.*

Als Exzentriker erwies sich „der tolle Pückler" noch im Tode; er verfügte, sein Herz in eine mit Schwefelsäure gefüllte kupferne Kapsel zu legen und seine sterblichen Überreste zu verbrennen oder chemisch zu zerstören. So füllte man den Sarg mit Ätznatron und Kalk, um den Leichnam schneller zu zersetzen. Vielleicht wollte Pückler verhindern, dass es ihm selbst so wie seinen Vorfahren mütterlicherseits erging, deren Gruft er einst öffnen ließ, um die verwesten Körper zu studieren und anschließend makabre Späße mit den Bürgern Muskaus zu treiben. 1884 wurde auch der Leichnam Fürstin Lucies in die Seepyramide umgebettet, seitdem ruht die Schnucke an der Seite des geliebten Lou.

Pücklers Vermächtnis

Was ist geblieben von dem vornehmsten Kavalier seiner Zeit, dem Liebhaber aller schönen Frauen? Ein paar Anekdoten und eine Eisspezialität, die ein Berliner Konditor geschäftstüchtig nach ihm benannt hat. Was hinterließ der Reisende, der Abenteurer? Bücher, die so lebendig und stilistisch ansprechend geschrieben sind, dass sie heute noch begeistern können. In die Geschichte eingegangen ist der Fürst jedoch als „Parkomane". Es muß erwähnt werden, dass der Autodidakt Pückler auch in anderen Landschaftsgärten Spuren hinterlassen hat, vor allem in Babelsberg und Ettersburg bei Weimar.

In den Jahrzehnten nach Pücklers Tod wurden die Arbeiten in Muskau und Branitz zunächst in seinem Sinne weitergeführt. Zwischen 1920 und 1945 beschränkten sich die Erhaltungsarbeiten auf das Notwendigste; einige Veränderungen in dieser Zeit dürften ganz und gar nicht im Sinne des Parkschöpfers gewesen sein. Eine Zäsur setzte der Zweite Weltkrieg. Als am 16. April 1945 die Großoffensive der 1. Ukrainischen Front begann, lag Muskau in der Hauptkampflinie. Westlich der Stadt kam es zu schweren Kämpfen zwischen der sowjetischen 95. Gardeschützendivision einerseits und Teilen der 545. Volksgrenadierdivision und der SS-Panzerdivision „Leibstandarte" andererseits. Der Park wurde durch Kriegshandlungen verwüstet, das Neue Schloss brannte allerdings erst zwei Wochen später aus ungeklärter Ursache ab. Um Cottbus wurde vom 20. bis 23. April 1945 erbittert gekämpft; dabei wurden auch die umliegenden Gebiete in Mitleidenschaft gezogen. In der DDR wurden der Schlosspark Branitz und der kleinere östlich der Neiße gelegene Teil des Muskauer Parks den Möglichkeiten entsprechend vorbildlich wiederhergestellt. Ob allerdings der Wiederaufbau des Muskauer Schlosses die Zustimmung Pücklers gefunden hätte, ist fraglich, denn er hatte *eine grandiose und* **wohlerhaltene** *Ruine* einst als *das schönste Gebäude* bezeichnet, das *so viel mehr die menschliche Seele ergreifen* könne, *als es kaum die höchsten vollendeten architektonischen Kunstwerke vermögen.*

Hermann von Pückler-Muskau, der für viele Zeitgenossen nur ein Snob und Verschwender gewesen ist, hat ein turbulentes, erfülltes, nicht immer glückliches Leben geführt. Manchmal plagten ihn neben den weltlichen Sorgen Anfälle von Melancholie und Migräne, die er, wenn die Lebensgeister wieder erwachten, schnell vergaß. Er war sich bewusst, ein rezeptiver Typ zu sein; er hat die Anregungen durch die großen englischen Landschaftsparks aufgenommen und ihnen eine gültige deutsche Version zur Seite gestellt. Heute stehen seine Werke in Pracht und Blüte, und man kann dem Fürsten beipflichten, der in seiner letzten Tagebucheintragung Wochen vor seinem Tod schrieb: *Kunst ist das Höchste und Edelste im Leben, denn es ist Schaffen zum Nutzen der Menschheit. Nach Kräften habe ich dies mein langes Leben hindurch im Reiche der Natur geübt.* ❀

Pückler-Muskau

Die Seepyramide in Branitz,
Pücklers Grabstätte

Literatur (Auswahl):

Berthy, Nicole und Brey, Michael:
Ich bin ein Kind der Phantasie – beweglich wie der Schmetter-
ling. Fürst Pückler und die Frauen. Bad Muskau 1999

Der Parkschöpfer Pückler-Muskau.
Herausgegeben von Helmut Rippl. Weimar 1995

Ein großer Herr. Das Leben des Fürsten Pückler.
Dokumentiert von Gerhard F. Hering und Vita Huber.
Düsseldorf/Köln 1968

Ehrhard, August: Fürst Pückler.
Berlin/Zürich 1935

Frauenbriefe von und an Hermann Fürsten Pückler-Muskau.
Aus dem Nachlass neu herausgegeben von Heinrich Conrad.
München/Leipzig 1912

Fürst Pücklers orientalische Reisen.
Herausgegeben von Erwin Wackermann. Hamburg 1966

Geliebter Pascha! Feurigste Gnomin!
Hermann Fürst v. Pückler und Ada v. Treskow
in ihren Liebesbriefen.
Herausgegeben von Gabriele Seitz. Zürich/München 1986

Im Spiegel der Erinnerung.
Hermann von Pückler-Muskau. Gartenkünstler Schriftsteller
Weltenbummler.
Herausgeber: Fürst Pückler Museum
Park und Schloss Branitz 1995

Ohff, Heinz: Der grüne Fürst.
München 1991

Pückler-Muskau, Hermann von:
Andeutungen über Landschaftsgärtnerei.
Frankfurt am Main/Leipzig 1996

Pückler-Muskau, Hermann von:
Briefe aus der Schweiz. Zürich 1981

Pückler-Muskau, Hermann von: Briefe eines Verstorbenen
(2 Bände). Berlin 1987

Pückler-Muskau, Hermann von:
Südöstlicher Bildersaal. Stuttgart 1968